LES AVEUGLES MENDIANS,

OU

PARTIE ET REVANCHE;

VAUDEVILLE ANECDOTIQUE,

EN UN ACTE.

Par F. P. A. LEGER.

Représenté sur le théâtre Montansier-Variétés, le 28 nivôse, an 10.

A PARIS,

Chez BARBA, Libraire, Palais du Tribunat, galerie derrière le théâtre Français de la République, n°. 51.

AN X. (1802.)

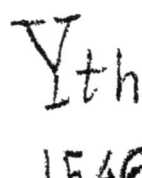

PERSONNAGES.	ACTEURS.
François VILLON, poète français.	Frédéric.
L'AUBERGISTE.	Dubois.
LE BAILLY.	Bonioli.
PHILIPPE, } aveugles.	{ Tiercelin.
MAURICE,	{ Brunet.
DURAND, domestique de Villon.	Francisque.
MANON, servante d'auberge.	Mlle Grangé.

LES AVEUGLES MENDIANS.

Le théâtre représente une place de village, la maison de l'aubergiste est à droite, celle du bailli à gauche ; il y a une table et des bancs de chaque côté.

SCENE PREMIÈRE.

Le jour commence à paraître, Villon et Durand se promennent à grands pas ; ce dernier se bat les flancs comme un homme qui a froid.

VILLON, DURAND.

DURAND.

Oh ! la maudite nuit ! n'avoir ni soupé, ni dormi ! il m'en souviendra.

VILLON.

Air : *Ah ! de quel souvenir affreux.*

Appaise-toi, mon cher Durand,
Le ciel enfin ôte son voile.

DURAND.

Je ne suis pas très-endurant,
Quand je couche à la belle étoile.

VILLON.

En pareil cas, sans s'affliger,
L'esprit gaîment bat la campagne.

DURAND.

On est fort mal, j'en puis juger,
Lorsque l'on n'a, pour se loger,
Que des châteaux en espagne.

VILLON.

Crois-tu que, dans le fond, je sois plus content que toi ? Ah ! le maudit aubergiste me la paiera.

DURAND.

Ah ! mon dieu ! monsieur Villon, vous m'effrayez.

VILLON.

Comment ! nous arrivons à minuit dans ce village ; je frappe pour avoir un gîte, et l'on refuse de m'ouvrir, surtout quand je me suis nommé !

DURAND.

On a peur de nous.

VILLON.

Parbleu, il ne sera pas dit qu'on m'aura fait impunément passer une nuit blanche : je veux me venger.

DURAND.

Ah ! mon cher maître ! vous n'y pensez pas ! obligé de voyager hors de France pour quelques folies de jeunesse, vous obtenez de la cour la permission de rentrer, et vous êtes à peine sur le territoire français, que vous voulez marquer vos premiers pas par de nouvelles espiègleries ?

VILLON.

Pourquoi cet aubergiste est-il insolent ?

DURAND.

Vous avez pourtant bien promis d'être plus sage à l'avenir.

VILLON.

Je ne sais pas encore quel tour je lui jouerai ; mais je tâcherai qu'il ne soit que gai ; ainsi, je passe la journée ici.

DURAND.

Ah ! monsieur ! vous allez encore vous embarquer dans quelque fâcheuse affaire.

VILLON.

Ne crains rien, mon ami.

DURAND.

Air : *De Claudine.*

Mon maître, de vos jeunes ans
Vous avez payé la folie.

VILLON.

Me venger par des traits plaisans,
Sera toujours ma fantaisie.

DURAND.

Votre bizarre amusement
Eut souvent une triste suite.

VILLON.
L'âge m'a rendu plus prudent ;
Le diable vieux se fit hermite.

DURAND.
Vous avez, à trente ans, des retours de jeunesse qui me font trembler.

VILLON.
Il suffit. Un de mes amis doit nous envoyer des chevaux à deux lieues d'ici ; va voir s'ils sont arrivés, tu les amèneras.

DURAND.
Tenez, monsieur, si vous m'en croyez, nous poursuivrons pédestement notre route.

VILLON.
J'entends ouvrir l'auberge ; fais ce que je t'ordonne : allons, pars.

DURAND.
J'obéis... mais, pour dieu, mon cher maître, souvenez-vous que voilà deux fois que vos amis obtiennent votre rappel, et que la troisième....

VILLON.
C'est bon, c'est bon ; trêve de sermons.

DURAND.
Je pars. (*Il sort.*)

SCENE II.

VILLON, L'AUBERGISTE.

L'AUBERGISTE.
Ah ! monsieur, je vous salue.

VILLON.
C'est monsieur qui est le maître de cette auberge.

L'AUBERGISTE.
Pour vous servir.

VILLON.
Je vous remercie de l'attention que vous avez eue, de me laisser coucher dans la rue.

L'AUBERGISTE.
Quoi ! c'est vous qui avez frappé au milieu de la nuit ?

PARTIE

VILLON.
Moi-même.

L'AUBERGISTE.
Ah! monsieur Villon, que je suis fâché!

VILLON.
Il me semble que je pourrais l'être davantage.

L'AUBERGISTE.
Vous croyant, comme tout le monde, en pays étranger, j'ai pensé, quand on a prononcé votre nom, que c'était un tour que quelque voisin voulait me jouer; d'autant plus que ce village étant un peu écarté, il est très-rare qu'il m'arrive des voyageurs aussi tard.

VILLON.
Je suis enchanté de la méprise.

L'AUBERGISTE.
Je m'en vais vous dire : comme je me suis fait, aux environs, une certaine renommée par mon humeur facétieuse, et, par mille espiègleries, toutes plus gaies les unes que les autres, on s'est ligué pour m'attraper; mais je suis en garde contre toute espèce de surprise.

VILLON.
Vous êtes donc bien malin?

L'AUBERGISTE.
Moi?

Air : *Mon père était pot.*

Pour n'être pas pris en défaut,
Je reste en sentinelle,
Et j'ai toujours, quand il le faut,
Quelque ruse nouvelle;
De tous les amans,
Malgré les mamans,
Je sers les amourettes;
Mais galant escroc,
J'écarte le coq,
Pour croquer les poulettes.

VILLON.
Je vous fais mon compliment.

L'AUBERGISTE.
Aussi, m'a-t-on donné le surnom de maître Gonin.

VILLON.

C'est un beau titre.

L'AUBERGISTE.

Mais, sans amour-propre, je m'en crois digne, au point que vous, monsieur Villon, dont la réputation est faite dans ce genre-là, je vous défierais de m'en donner à garder.

VILLON.

J'en suis persuadé. (*à part.*) L'impertinent.

L'AUBERGISTE.

Essayez un peu?

VILLON.

Non, non, je ne suis pas de force à lutter contre maître Gonin. (*à part.*) Je te retrouverai.

L'AUBERGISTE.

Je suis bien aise que vous me rendiez justice; votre suffrage me fera honneur.

VILLON.

Le plus pressé est de me donner à déjeûner; je suis à jeun.

L'AUBERGISTE.

Et vous avez faim?

VILLON.

Comme un homme qui n'a pas soupé.

L'AUBERGISTE.

Vous ne pouviez pas vous adresser à une meilleure auberge.

VILLON.

Cela me fait plaisir.

L'AUBERGISTE.

Air : *De la croisée.*

Voulez-vous du gibier, du veau,
Des poulets à la ravigote;
Poisson, pâté de godiveau,
Ou bien des pigeons en compote?

VILLON.

Tout ces mets sont fort de mon goût;
Votre carte est apétissante.

L'AUBERGISTE.

Monsieur...
Un homme tel que moi, sert tout
A la sauce piquante.

VILLON.

Le matin, je ne suis pas difficile; donnez-moi ce que vous voudrez.

L'AUBERGISTE.

J'aime mieux que l'on choisisse.

VILLON.

Air : *Du petit Matelot.*

Eh bien ! du veau peut suffire.

L'AUBERGISTE.

On n'en vend plus chez mon boucher.

VILLON.

J'aime le poisson, qu'on fait frire.

L'AUBERGISTE.

A la ligne j'en vais pêcher.

VILLON.

Un poulet à la ravigotte.

L'AUBERGISTE.

Je n'en ai plus dans mon enclos.

VILLON.

Eh bien ! des pigeons en compote.

L'AUBERGISTE.

Ils ne sont pas encore éclos.

VILLON.

Même Air.

Servez-moi des perdrix, des cailles,

L'AUBERGISTE.

Les braconniers ont tout détruit.

VILLON.

Un petit pâté de volailles.

L'AUBERGISTE.

Je n'en ai pas un seul de cuit.

VILLON.

Qu'on me donne une côtelette.

L'AUBERGISTE.

Hier, le reste fut vendu.

VILLON.

J'aurai du moins une omelette ?

L'AUBERGISTE.

Oui, si mes poules ont pondu.

VILLON.

Dites-donc, maître Gonin, est-ce que vous vous moquez de moi ?

L'AUBERGISTE.

Point du tout, M. Villon ; mais vous ne me demandez précisément que ce qui me manque.

VILLON.
Votre cuisine me paraît fort bien garnie.
L'AUBERGISTE.
Dame ! aussi... se présenter si matin chez un aubergiste, c'est le prendre au dépourvu. Au reste, il y a du remède : mon boucher n'est qu'à deux lieues d'ici ; je vais envoyer chercher du bœuf ; on mettra le pot-au-feu, et vous aurez du bouillon tout de suite.
VILLON, (à part.)
Que la fièvre te serre, maudit gargotier !
L'AUBERGISTE.
Ah ! j'avise à un bien meilleur moyen : un de mes voisins a rendu hier un repas de nôce ; je vais lui emprunter de quoi satisfaire les pratiques que le hasard pourrait m'amener. J'ai dans l'idée que je vais faire une bonne journée.
VILLON.
Dépêchez-vous.
L'AUBERGISTE.
Je suis à vous dans l'instant : (*il sort.*)

SCENE III.
VILLON, *seul*.

Ah ! monsieur le bouffon, je suis piqué au jeu ; nous allons voir si vous êtes aussi malin que vous prétendez l'être.... Quels sont ces deux hommes qui viennent ici ? Eh, mais, ce sont des aveugles mendians... Oh ! vivat ! il faut qu'ils servent à ma vengeance..... Ecoutons d'abord, sans rien dire.

SCENE IV.
VILLON, PHILIPPE, MAURICE.
PHILIPPE.
Dis donc, Maurice, je crois avoir entendu une voix.
MAURICE.
Et moi aussi.
PHILIPPE.
Commençons notre petit commerce.

B

PARTIE

Air : *Vive le vin.*

Voyageur humain, généreux,
Plaignez notre sort rigoureux,
Et soulagez notre misère.
Tout deux privés de la lumière,
Aux passans nous offrons nos vœux ;
Exaucez-les : des pauvres malheureux,
L'homme charitable est le père.

MAURICE.

Nous nous sommes trompés, je crois.

PHILIPPE.

Non, non ; j'ai bien entendu quelqu'un.

MAURICE.

Tu as peut-être parlé trop bas. Attends, je vais crier plus fort, moi.

Air : *Tous les hommes sont bons.*

Par pitié, par bonté,
A notre pauvreté
Faites la charité.
Pour votre humanité,
Que le ciel en santé
Vous maintienne !
Chaque soir, nous dirons tous
Au grand Saint-Julien pour vous
Une antienne.

PHILIPPE.

Décidément, il n'y a personne.

MAURICE.

En ce cas, asseyons-nous en attendant fortune. Notre banc ordinaire doit être par ici.

PHILIPPE.

Sais-tu bien, Maurice, que notre petit trésor commence à s'enfler.

MAURICE.

Je crois bien : viennent encore dix écus, et nous aurons deux mille francs bien cachés.

VILLON, *à part.*

Ils sont plus riches que moi, je puis m'en amuser.

PHILIPPE.

Je gage que nous allons faire une bonne récolte, aujourd'hui.

ET REVANCHE.

MAURICE.

Rappelle-toi nos conventions. La recette est consacrée à tâter de la cave de maître Gonin.

PHILIPPE.

C'est juste. Il faut bien un peu nous en taper ; mais ça nous coûtera cher ; le bon homme ne donne pas ses coquilles.

VILLON, *très-haut.*

Nous verrons cela.

MAURICE.

Pour cette fois, j'ai entendu quelqu'un en avant.

Ensemble.

PHILIPPE.

Voyageur humain, généreux,
Plaignez notre sort rigoureux
Et soulagez notre misère.
Tous deux privez de la lumière,
Aux passans nous offrons nos vœux ;
Exaucez-les : du pauvre malheureux,
L'homme charitable est le père.

MAURICE.

Par pitié, par bonté,
A notre pauvreté
Faites la charité.
Pour votre humanité,
Que le ciel en santé
Vous maintienne !
Chaque soir, nous dirons tous
Au grand Saint-Julien pour vous,
Une antienne.

VILLON.

Vous êtes en quête de bon matin, mes amis.

PHILIPPE.

Que voulez-vous, mon cher monsieur, les tems sont durs, qu'on ne peut s'y prendre trop tôt pour gagner sa pauvre vie.

VILLON.

Je veux vous procurer une bonne aubaine ; voilà une pistole que je vous donne.

LES AVEUGLES, *tendant la main.*

Bien obligé.

VILLON, *remettant la pièce dans sa poche.*

Il n'y a pas de quoi ; mais j'éxige que vous la buviez à ma santé.

PHILIPPE.

Nous remplirons exactement l'intention du fondateur.

MAURICE.

Dans un quart-d'heure, maître Gonin pourra vous en donner des nouvelles.

VILLON.

Au revoir, mes amis ; bon appétit.   (*il sort.*)

SCENE V.

Les deux AVEUGLES.

PHILIPPE.

Eh bien, Maurice, quand je te disais que la journée serait heureuse ?

MAURICE.

Il est vrai que c'est joliment débuter. Mais si, au lieu de consommer la pistole, nous la mettions au magot, père Philippe ? ce serait autant d'avance.

PHILIPPE.

Fi donc ! fi donc ! cela nous porterait malheur. Nous sommes convenus de manger la quête ; on nous a prescrit de la boire ; c'est très-facile à concilier.

MAURICE.

Mais, mon ami, nous ne trouverons peut-être pas de sitôt une si belle occasion.

PHILIPPE.

Pourquoi donc pas ? c'est dimanche la fête du village ; nous ferons notre métier de chansonniers ambulans ; l'escarcelle se remplira, et vive la joie !

MAURICE.

A la bonne heure ; mais nous pourrions mettre quelque petite chose en réserve.

PHILIPPE.

Tais-toi donc. Je suis las d'amasser ; je veux jouir. On ne sait pas ce qui peut arriver.

Air : *Femmes, voulez-vous éprouver.*

Lorsque le ciel est le plus clair,
Il peut survenir un orage.
Le bon tems fuit, c'est un éclair ;
Il faut le saisir au passage.
Profitons d'un instant si doux,
Puisque le hasard nous le donne.
Ce jour de bonheur est à nous,
Le lendemain n'est à personne.

MAURICE.

Je commence à croire que tu as raison ; ma soif et mon appétit sont de ton avis.

PHILIPPE, *appelant.*

Manon !

MAURICE.

Manon !

PHILIPPE, *très-haut.*

Holà ! eh ! Manon !

SCENE VI.

LES PRÉCÉDENS, MANON.

MANON.

On y va... Quel tapage vous faites, pour des aveugles, vous criez comme des sourds.

PHILIPPE.

Pourquoi ne viens-tu pas plus vite, quand on t'appelle ?

MANON.

Qu'y a-t-il donc de si pressé ?

MAURICE.

Mon enfant, c'est aujourd'hui notre fête ; il faut nous régaler comme il faut.

MANON.

Votre fête ! et à quel saint du paradis vous êtes-vous voués ?

PHILIPPE.

A Sainte-Claire.

MANON.

Vous avez là une drole de patronne, pour des aveugles.

MAURICE.
Air : *Des Visitandines.*

Privés des dons de la lumière,
Pour guider nos pas chancellans,
Nous nous vouons à Sainte-Claire;
C'est agir en homme prudens.
On ne peut révoquer en doute,
Que tout ici bas irait mieux,
Si l'on recourait aux bons yeux,
Toutes les fois qu'on n'y voit goute.

MANON.

C'est possible. . . . Vous avez donc de l'argent, aujourd'hui ?

PHILIPPE.

Oui, mon enfant, nous sommes en fonds.

MANON.

Cela étant, vous serez contens.

PHILIPPE.

Sur-tout, qu'il ne nous manque rien, et qu'on serve promptement.

MANON.

Cela est trop juste.

MAURICE.

C'est qu'on n'est pas accoutumé chez toi à recevoir des personnes comme il faut.

PHILIPPE.

Il ne vient ici que de petites gens.

MANON, *riant.*

Il est certain que la maison n'est pas digne de traiter de grands seigneurs comme vous.

MAURICE.
Air : *Ça fait toujours plaisir.*

Voyons un peut la mine
Qu'aura notre repas ;
Allons dans la cuisine.

MANON.

Mais vous n'y voyez pas.

PHILIPPE.

L'odeur en espérance,
Va nous faire jouir ;
Nous sentirons d'avance

MANON.

Il me paraît que vous ne voulez rien perdre.

PHILIPPE.

Ecoute donc, Manon : quand on a perdu une jouissance, il faut serrer les rangs, et tirer parti de tout. (*il veut embrasser Manon.*)

MANON, *s'échappant.*

Voulez-vous finir ? ces aveugles sont insupportables.

PHILIPPE, *saisissant Maurice.*

Il faut absolument que je t'embrasse.

MANON.

De cette manière-là, je le veux bien.

PHILIPPE.

Fi donc ! est-ce qu'une jolie femme doit faire la cruelle ?

MANON.

Est-ce qu'un homme qui n'y voit pas doit être amoureux ?

PHILIPPE.

Pourquoi non ?

Air : *Trouverez-vous un parlement.*

Si je ne puis fixer l'éclat
Des traits qu'offrent mon inhumaine,
N'ai-je pas du moins l'odorat,
Pour respirer sa douce haleine ?
Je puis entendre ses accens ;
Mais auprès d'un tendron, ma chère,
Je soutiens que de tout les sens,
Le tact est le plus nécessaire.

MAURICE.

Philippe a raison.

Même air.

Depuis long-tems nos bons aïeux
Nous ont expliqué ce mystère,
Avec un bandeau sur les yeux
Ils ont peint le dieu de Cythère.
Interrogez les amoureux ;
Leur réponse est déjà connue :
Le moment le plus doux pour eux,
C'est quand ils ont perdu la vue.

PHILIPPE.

Allons, ma chère enfant, mène-nous à la cuisine.

PARTIE

MANON.

Venez. (*Elle prend Maurice par la veste, et Philippe prend le bâton de Maurice.*)

MANON, *à Villon qui sort de l'auberge.*

Passez, monsieur.

PHILIPPE.

Après toi, ma bonne amie.

MANON.

Ce n'est pas à vous que je parle.

SCENE VII.

VILLON, *seul.*

Voilà les choses en bon train; nous allons voir comment maître Gonin va se trouver de la dépense des aveugles qui se croient possesseurs d'une pistole... Mais chut... le voici.

SCENE VIII.

VILLON, L'AUBERGISTE

L'AUBERGISTE.

A présent, M. Villon, quand vous voudrez déjeûner, je suis prêt à vous servir.

VILLON.

Volontiers. Comme il fait beau, je déjeûnerai ici.

L'AUBERGISTE.

Ici ? vous serez fort mal; les aveugles vont y prendre leur repas.

VILLON.

Tant mieux ! la gaîté de ces bonnes gens m'amusera.

L'AUBERGISTE.

Il est vrai qu'il ne leur arrive pas souvent de ces bonnes fortunes.

Air : *Guillot a des yeux complaisans.*

Cela seul d'un festin joyeux
Me donne de l'assurance.

VILLON.

C'est là le bien qu'au malheureux

Garde la providence.
Lorsque le plaisir est fréquent,
 A peine l'on y pense :
Celui que l'on prend rârement,
 Double de jouissance.

L'AUBERGISTE.

C'est ce que je me disais tout-à-l'heure, en cherchant, dans ma tête, comment je pourrais vous jouer un tour de ma façon.

VILLON.

Comment ! vous vouliez m'attraper.

L'AUBERGISTE.

Je l'avoue ; mais votre génie m'épouvante, et je me prosterne. Cela pourtant m'aurait donné un fameux relief.

VILLON.

Vous me faites bien de l'honneur.

L'AUBERGISTE.

Non, c'est à la lettre.

Air : *Une fille est un oiseau.*

Joyeux et de bonne humeur,
 Inspiré par la folie,
 De plus d'une espièglerie,
Les succès m'ont fait honneur ;
Mais sans trop m'en faire accroire,
Je suis honteux de ma gloire.
 Une facile victoire
 A pour moi peu de valeur ;
 Le noble, le magnanime,
 Le beau, le grand, le sublime, } *bis.*
 C'est de tromper un trompeur.

VILLON.

Vous avez une morale encourageante.

L'AUBERGISTE.

Voici les aveugles.

VILLON.

Faites-moi servir, et ne dites pas que je les écoute.

L'AUBERGISTE.

Cela suffit.

SCENE X.

VILLON, *à une table*, PHILIPPE et MAURICE *à une autre*. L'AUBERGISTE *sert Villon*, et MANON *les aveugles*.

MAURICE, *suivant Manon, qui porte un plat de viande*.

Je n'ai pas peur de m'égarer, Manon porte le meilleur de tous les guides.

MANON.

Asséyez-vous : voilà tout ce qu'il vous faut.

PHILIPPE.

Du vin, Manon ; commençons par boire à la santé de celui qui nous régale (1).

MAURICE.

Oui, vraiment ; c'est un brave homme.

PHILIPPE.

Nous donner une pistole ! quelle générosité !

MANON.

C'est un bon métier que le vôtre.

MAURICE.

C'est le premier de tous.

PHILIPPE.

Ce n'est pas une profession méchanique.

MAURICE.

C'est un état libre.

PHILIPPE.

Nous ne sommes pas obligés de faire comme bien des marchands qui raccourcissent leurs aulnes.

MAURICE.

Ni comme les procureurs qui allongent leurs écritures.

MANON.

Je crois bien ; tout est bénéfice pour vous.

---

(1) Les aveugles une fois à table disent et font une foule de lazzis qu'il est impossible d'écrire. Cette scène est tout-à-fait abandonnée à la gaîté et au talent d'improviser que peuvent avoir les acteurs qui jouent les aveugles ; il doivent éviter seulement de tomber dans la basse charge.

PHILIPPE.

C'est le fruit du talent.

MANON.

Comment, du talent ?

PHILIPPE.

Oui, sans doute. Ne faut-il pas prendre un air lamantable, un ton de douleur, pour toucher les passans ? L'autre jour, par exemple, j'entends une petite voix douce qui chantait sur la route, je lui tourne un petit compliment qui me valut une petite pièce blanche.

MAURICE.

Et cette bonne ame qui s'attendrissait, parce qu'elle m'entendait dire que j'avais perdu les joies de ce monde... ah ! ah ! ah ! (*ils rient.*)

PHILIPPE.

Voilà comme, en faisant pleurer les autres, nous nous procurons de quoi rire.

VILLON.

Courage, messieurs. C'est donc ainsi que vous vous amusez aux dépens de ceux qui vous font vivre ?

MAURICE.

Excusez, monsieur, je ne vous voyais pas (1).

PHILIPPE.

Je vous demande bien pardon.

VILLON.

On vous pardonne, mais à condition que vous chanterez une petite chanson.

PHILIPPE.

Avec plaisir. Nous allons vous chanter celle des aveugles, qui finit par le refrain :

« Souvent on est misérable,
» Pour avoir de trop bons yeux. »

VILLON.

Ah ! ah ! ah ! Eh ! savez-vous quel est l'auteur de cette chanson ?

---

(1) Maurice se lève, le banc sur lequel ils sont assis fait la bascule et Philippe tombe.

PHILIPPE.

C'est un grand écrivain.

MAURICE.

François Villon.

PHILIPPE.

Un homme de beaucoup de talent ; mais un bien mauvais sujet.

L'AUBERGISTE, à part, riant.

Bon ! le voilà pris.

VILLON.

Et d'où le connaissez-vous ?

PHILIPPE.

Qui ne le connaît pas ? quel homme en France n'a pas entendu parler de ses fredaines ?

L'AUBERGISTE, à part.

C'est cela. — Courage... appuyez.

MAURICE.

Ma foi, on dit qu'on l'a envoyé en pays étranger ; on a bien fait ; nous aurons bien encore assez de vauriens sans lui.

L'AUBERGISTE, riant toujours.

Ah ! ah ! ah ! ah ! à merveille !

VILLON.

Il n'est plus ce qu'il a été jadis, et il va travailler à se réhabiliter dans l'esprit des gens de bien.

MAURICE.

Il aura de la peine.

Air : *Aimé de la belle Ninon.*

Des vauriens il fut trop long-tems,
Et le patron et le modèle.

VILLON.

A de plus nobles sentimens,
La sagesse enfin le rappelle.

MAURICE.

Il faut du tems pour ennoblir
Une vie aussi diffamée,
Il est plus aisé d'acquérir,
Que de changer sa renommée.

VILLON.

C'est bien, mes amis ; en voilà assez. Voyons la chanson.

ET REVANCHE.

L'AUBERGISTE.

Oui, oui, chantez; moi, je vais danser avec monsieur.

VILLON.

Je ne veux pas danser.

L'AUBERGISTE.

Vous danserez, morbleu! leur conversation a dû vous mettre en belle humeur; elle était très-gaie.

VILLON.

Monsieur l'aubergiste, vous abusez de la situation; cela n'est pas généreux.

L'AUBERGISTE.

J'ai l'avantage, j'en profite.

PHILIPPE.

Nous y voilà.

Air: *Dans la paix et l'innocence.*

O vous qui par la souffrance,
Laissez attendrir vos cœurs,
Sur notre triste existence
Ne versez pas trop de pleurs.
Sexe aimé, sexe adorable,
Croyez-nous moins malheureux;
On est souvent misérable
Pour avoir de trop bons yeux (1).

VILLON, *avec enthousiasme.*

Fort bien, mon vieux! après.

MAURICE.

L'auteur d'un livre éphémère
Croit percer la nuit des tems;
La fortune du libraire
Est faite par ses talens.
S'il voyait l'œuvre admirable,
Au magasin bien poudreux,
Comme il serait misérable
Pour avoir de trop bons yeux.

PHILIPPE.

De l'amour, l'adroite Isaure,
Reçoit et lance les traits,
Son cher époux qui l'ignore,
En bon mari, dort en paix,

─────────────

(1) On chante et l'on danse le refrain de chaque couplet.

PARTIE

Mais il surprend les coupables,
Pour lui quel spectacle affreux!...
Que d'époux sont misérables
Pour avoir de trop bons yeux !

MAURICE.

Voilà ce que c'est.

VILLON.

Et le dernier couplet ?

PHILIPPE.

Nous n'en savons pas davantage.

VILLON.

Malheureux ! est-ce qu'il doit être permis de mutiler ainsi les productions de l'esprit ? écoutez-moi.

Aveugle et dans la misère,
Du destin bravant les coups,
Le grand, le divin Homère
Chantait ses vers comme vous ;
Mais ce père de la fable,
Vivra bien plus que ses dieux ;
On n'est pas si misérable,
Pour n'avoir pas de bons yeux.

MAURICE.

Monsieur, faites-nous la charité de ce couplet-là ; cela nous vaudra quelques petites pièces de plus.

VILLON.

Avec plaisir, mes amis. (*Il sort.*)

L'AUBERGISTE.

Les petits présens entretiennent l'amitié.

SCENE X.

LES AVEUGLES, L'AUBERGISTE.
VILLON, *dans le fond du théâtre.*

L'AUBERGISTE.

Savez-vous, mes amis, à qui vous vous êtes adressés pour faire ainsi le panégirique de Villon?

PHILIPPE.

Ma foi, non.

L'AUBERGISTE.

C'est à lui-même.

L'AUBERGISTE.

Oui, parbleu ! et je voudrais vous avoir donné gratis vingt bouteilles de mon meilleur vin, plutôt que d'avoir été privé de cette délicieuse jouissance.

PHILIPPE.

Monsieur l'aubergiste, dites-nous la carte : je ne veux pas qu'il nous retrouve ici.

L'AUBERGISTE.

Soyez tranquilles ; il n'est pas méchant.

MAURICE.

Non, non, il faut absolument nous en aller.

L'AUBERGISTE.

Combien aviez-vous à dépenser ?

PHILIPPE.

Une pistole.

L'AUBERGISTE.

En ce cas, six francs de bonne chère, un écu de vin, douze sols de pain, huit sols de couvert, cela fait la pistole tout juste.

MAURICE.

Ah ! que c'est cher !

L'AUBERGISTE.

Taisez-vous donc, vous avez été traités comme des princes.

PHILIPPE.

Au reste, pour ce que cela nous coûte, il ne faut pas y regarder de si près. Paye, Maurice, et partons.

MAURICE.

Paye, toi-même, père Philippe, ce n'est pas moi qui ai l'argent.

PHILIPPE.

C'est toi pourtant qui l'as reçu.

MAURICE.

Moi ? non, je t'assure. (1)

L'AUBERGISTE.

Dites donc, messieurs les aveugles, que signifie cette plaisanterie.

---

(1) Les aveugles finissent par se battre et tous leurs coups tombent sur l'aubergiste

PHILIPPE.

Mais je parle très-sérieusement.

MAURICE.

Je ne ris point du tout.

L'AUBERGISTE.

Air : *de la fausse Magie.*

Philippe a-t-il la pistole ?

PHILIPPE.

Qui ? moi ? non.

MAURICE.

Ni moi.

PHILIPPE.

Ni moi.

MAURICE.

Ni moi.

PHILIPPE.

Ni moi.

MAURICE.

Ni moi.

PHILIPPE.

Ni moi.

MAURICE.

Ni moi.

PHILIPPE.

Ni moi.

(*ensemble*;

Je le dis de bonne foi.

L'AUBERGISTE.

Et vous croyez que cela va passer ainsi ?

MAURICE.

Je vous assure, monsieur l'aubergiste....

L'AUBERGISTE.

Entrez, entrez chez moi ; le bailli va me faire raison de votre escobarderie. (*Appelant.*) Monsieur le bailli.

PHILIPPE.

Mon Dieu ! mon Dieu ! que nous sommes donc malheureux !

MAURICE.

Qui aurait dit qu'un repas qui avait si bien commencé, finirait si mal !

L'AUBERGISTE, *les conduisant.*

Vous n'êtes pas au bout.... Entrez, entrez, monsieur le bailli ? monsieur le bailli ?

SCENE XI.

LE BAILLI, L'AUBERGISTE.

LE BAILLI, *entrant*.

Qui m'appelle ?

L'AUBERGISTE.

C'est moi. Vite, vite, il y a urgence.

LE BAILLI.

Comme vous êtes échauffé ! quel accident fâcheux vous est-il donc arrivé ?

L'AUBERGISTE.

Guet-à-pens, escroquerie, flagrant-délit, abus de confiance.

LE BAILLI, *riant*.

Comment ! un malin comme vous s'est laissé duper ? vous m'étonnez.

L'AUBERGISTE.

Il n'est pas question de plaisanter, il faut punir et me faire payer.

LE BAILLI.

Quoi ?

L'AUBERGISTE.

Une pistole, pour un repas que deux aveugles ont fait chez moi ce matin, et qu'ils ne peuvent ou ne veulent pas acquitter.

LE BAILLI.

Et voilà ce qui vous met dans une si grande colère ?

L'AUBERGISTE.

Monsieur le bailli, dans un commerce comme le mien, il n'y a point de petite perte.

LE BAILLI.

Non, mais il y a de gros bénéfices.

L'AUBERGISTE.

Rendez-moi justice sur-le-champ, et nous rirons après.

LE BAILLI.

Un moment. Voilà la plainte, il faut entendre les accusés.

L'AUBERGISTE.

Bah ! bah !

D

Air : *On compterait les diamans*
Tâchez, bailli, de renoncer
A votre lenteur ordinaire.

LE BAILLI.

Un juge, avant de prononcer,
Doit, à fonds, mûrir une affaire.

L'AUBERGISTE.

C'est trop juste..
Car, sur plus d'un point contesté,
Malgré tous les soins qu'il peut prendre,
Après avoir tout écouté,
Il juge souvent sans l'entendre.

LE BAILLI.

Où sont les deux aveugles ?

L'AUBERGISTE.

Dans ma maison.

LE BAILLI.

Je vais les interroger.

L'AUBERGISTE.

Allez, et dépêchez-vous.

SCENE XII.

L'AUBERGISTE, *seul.*

J'espère que le bailli ne se laissera pas séduire. Oh ! non, je suis tranquille ; quand on ne peut pas payer ses dettes, il est difficile de gagner son juge.

SCENE XIII.

VILLON, L'AUBERGISTE.

VILLON.

Qu'est-ce que donc que j'apprends, mon cher hôte? comment ! on a voulu vous jouer ?

L'AUBERGISTE.

C'est une horreur, monsieur Villon ! deux aveugles me duper !

VILLON.

Ils se sont bien adressés !

L'AUBERGISTE.

Mais la justice les tient, et ils n'échapperont pas.

VILLON.

Dans le fonds, cependant, ils sont peut-être plus à plaindre que coupables.

L'AUBERGISTE.

Quoi ! se présenter chez un homme public ; se faire servir ce qu'il y a de meilleur dans sa cuisine et dans sa cave, quand on sait qu'on ne peut pas payer ! c'est un crime digne du dernier supplice.

VILLON.

Ecoutez-moi, mon cher hôte,: si un homme riche, un seigneur, un prince eussent fait, chez vous, une dépense vingt fois plus forte, et fussent partis sans vous payer, qu'auriez-vous fait ?

L'AUBERGISTE.

J'aurais attendu.

VILLON.

Et s'ils n'eussent pas payé du tout ?

L'AUBERGISTE.

Je m'en serais consolé par l'honneur qu'ils auraient fait à mon auberge.

VILLON.

Vous le voyez, mon cher.

Air : *Du vaud. du Panorama.*

Pour être utile à l'opulence,
On se ruine tous les jours,
Tandis qu'à l'obscure indigence,
On refuse un léger secours ;
» Aussi, dans le siècle où nous sommes,
» Qui n'a rien, n'aura jamais rien ;
» Les riches sont, parmi les hommes,
» Les seuls à qui l'on fait du bien.

L'AUBERGISTE.

C'est possible ; mais c'est juste.

VILLON.

Au reste, consolez-vous; je me charge de la dette des aveugles ; je paierai pour eux.

L'AUBERGISTE.

Tout de bon ?

PARTIE

VILLON.

Assurément.

L'AUBERGISTE.

Vous êtes un brave homme, et je suis enchanté ; car, dans le fonds, il m'en coutait d'employer des mesures de rigueur contre ces pauvres malheureux.

VILLON.

Mais, service pour service.

L'AUBERGISTE.

Parlez.

VILLON.

J'ai retrouvé, dans le bailli, une ancienne connaissance, un vieux camarade auquel j'ai prêté jadis cent écus.

L'AUBERGISTE.

Il est bien en état de vous les rendre ; le vieux coquin est riche comme un Crésus.

VILLON.

Je n'ose les lui demander brusquement ; je voudrais qu'un homme adroit voulût lui rappeller cette petite dette.

L'AUBERGISTE.

Je m'en charge.

VILLON.

Mais avec des égards, des ménagemens.

L'AUBERGISTE.

Laissez-moi faire ; vous aurez votre argent dans une heure.

VILLON.

C'est un service dont je serai reconnaissant.

L'AUBERGISTE, *à la cantonnade*.

Monsieur le bailli, vous pouvez laisser sortir les aveugles; l'affaire est arrangée ; monsieur paie pour eux.

VILLON.

De la discrétion, mon cher hôte.

SCENE XIV.

Les précédens, Le BAILLI, Les AVEUGLES.

L'AUBERGISTE.

Non, non ; les belles actions doivent être publiées. Maurice, Philippe, remerciez M. Villon qui veut bien vous tirer d'embarras, en payant pour vous.

MAURICE.

Ah ! monsieur, que de bonté !

PHILIPPE.

Que de reconnaissance nous vous devons !

LES DEUX AVEUGLES.

Air : *Des bonnes gens.*

Que leci el vous bénisse
Pour prix de votre bon cœur !
Quelqu'un eut la malice
De se jouer du malheur.

LE BAILLI.

L'homme bon souvent répare
Le mal que font les méchans ;
Mais, hélas ! le ciel avare
Fait trop peu de bonnes gens.

MAURICE.

Voilà ce qui s'appelle obliger généreusement.

VILLON.

Allez, mes amis ; je vous souhaite une meilleure rencontre que celle de ce matin.

L'AUBERGISTE.

Venez, je vais vous remettre dans votre route... Attendez-moi un instant, bailli ; j'ai à vous parler en particulier.

LES AVEUGLES, *en s'en allant.*

Adieu, mon bon monsieur. Que le ciel vous accorde toutes sortes de prospérités.

SCENE XV.

VILLON, LE BAILLI.

LE BAILLI.

Vous avez fait là, monsieur, un bien beau trait.

VILLON.

Moi, monsieur le bailli ? point du tout.

LE BAILLI.

Pardonnez-moi.

Air : *Du chapitre second.*

On ne peut trop louer vraiment
Une pareille bienfaisance.

VILLON.

A ce bienfait assurément,
J'attache fort peu d'importance ;
De tel homme on blâme les mœurs,
En le jugeant sur l'apparance,
Quand tel autre obtient des honneurs
Que repousse sa conscience.

LE BAILLI.

Vous êtes trop modeste.

VILLON.

Et vous, trop indulgent.

LE BAILLI.

L'aubergiste m'a dit de l'attendre ; sauriez-vous ce qu'il me veut ?

VILLON.

Oui, je suis même chargé de vous prévenir.

LE BAILLI.

De quoi s'agit-il ?

VILLON.

De lui rendre un service important ; de lui procurer les moyens de rendre secrètement un dépôt qu'on lui a confié.

LE BAILLI.

Un dépôt ? Il est très-facile de l'en débarrasser.

VILLON.

Ce n'est pas là la difficulté, c'est qu'il y a long-tems qu'il aurait dû être remis.... mais un défaut de mémoire....

LE BAILLI.
Un défaut de mémoire ?
VILLON.
Oui, il y a des mémoires plus ou moins heureuses.
LE BAILLI.
Et le dépôt est-il considérable ?
VILLON.
Cent écus.
LE BAILLI.
Diable ! cela devait tenir de la place dans sa mémoire.
VILLON.
Tout le monde est sujet à ces petites absences.... Bref, comme le propriétaire est mort depuis long-tems, il désirerait que cela fut remis aux héritiers par un homme discret.
LE BAILLI.
J'entends, j'entends. Je ferai son affaire.
VILLON.
Vous vous en chargez.
LE BAILLI.
Avec plaisir.
VILLON.
Amenez cela doucement. Vous devez sentir qu'il est un peu honteux.
LE BAILLI.
C'est tout simple. Reposez-vous sur moi.
VILLON.
Monsieur le bailli, je vous salue.
LE BAILLI.
Adieu, brave et honnête homme.
VILLON.
Vous me rendez confus, en vérité. (*Il sort.*)
LE BAILLI.
Enchanté d'avoir fait votre connaissance.

SCENE XVI.
LE BAILLI, *seul.*

Il est singulier que monsieur Gonin ait attendu si long-tems pour avoir un retour de probité. Ah ! comme dit le proverbe : *Il vaut mieux tard que jamais*. Mais le dépôt une fois entre mes mains, si j'allais manquer de mémoire aussi.... cela ne m'étonnerait pas.

Air : *du vaudeville de l'Isle des Femmes.*

>A de semblables accidens,
>On est exposé dans la vie :
>Selon les cas, suivant les tems,
>La mémoire tourne et varie ;
>Elle est lente pour accorder,
>Très-active, quand il faut prendre,
>Complaisante pour demander,
>Très-ingrate quand il faut rendre.

SCÈNE XVII.
LE BAILLI L'AUBERGISTE.

LE BAILLI, *à part.*

Voici mon homme.

L'AUBERGISTE, *à part.*

Le bailli m'attend ; fort bien !

LE BAILLI, *à part.*

Il a un petit air confus.... c'est bon signe.

L'AUBERGISTE, *à part.*

Il se parle tout seul, j'aurai mon argent.

LE BAILLI.

Vous avez un peu tardé, mon voisin.

L'AUBERGISTE.

Oui, j'ai reconduit les aveugles jusqu'à la grande route.

LE BAILLI.

C'est bien commencer la journée. Une bonne action ne va jamais sans une autre.

L'AUBERGISTE.

C'est aussi ce qui me ramène.

LE BAILLI.

Si je pouvais y être pour quelque chose, disposez de moi.

L'AUBERGISTE.

J'ai bien compté sur vous.

LE BAILLI.

Allons, de la confiance. Nous sommes seuls ; entre amis, on peut se parler.

ET REVANCHE.

L'AUBERGISTE.
Oui ; mais il en coûte de rappeler certaines choses.

LE BAILLI.
Quand on sait à qui l'on a affaire.

L'AUBERGISTE.
Une somme de cent écus... peut gêner, quand il s'agit de la rendre.

LE BAILLI.
C'est moins dur, quand il n'y a pas d'intérêts à payer.

L'AUBERGISTE.
Je suis bien aise de vous voir dans de pareilles dispositions.

LE BAILLI.
Vous connaissez ma probité ?

L'AUBERGISTE.
Je ne l'ai jamais soupçonnée.

LE BAILLI.
Ainsi, vous pouvez compter que les cent écus...

L'AUBERGISTE.
Vont être remis sur-le-champ ?

LE BAILLI.
Je vous en donne ma parole.

L'AUBERGISTE.
Embrassez-moi, bailli. Vous êtes le plus honnête homme que je connaisse.

LE BAILLI.
Après vous, mon cher et respectable voisin.

(*Ils s'embrassent*)

Air : *Je brûle de voir ce Château.*
Remettez-moi les cent écus.

L'AUBERGISTE.
Vite comptez la somme.

LE BAILLI.
Mon cher, je ne vous entends plus.

L'AUBERGISTE.
Vous plaisantez, brave homme.

LE BAILLI.
Le dépôt qui vous est resté.

L'AUBERGISTE.
Ce que Villon vous a prêté.

(ensemble.)
Vous vous trompés en verité.
La bonne dupe que vous êtes !
A tort, vous comptez sur mes dettes.

PARTIE

L'AUBERGISTE.
Des aveugles je perds l'écot,
Voyez la belle affaire !
LE BAILLI.
Mais moi, je suis pris pour un sot,
C'est bien pis, je l'espère.
L'AUBERGISTE.
Je ne me sens pas de courroux.
LE BAILLI.
Je ne me sens pas de courroux.
(ensemble.)
Pour le punir unissons nous,
A votre avis moi je me range :
On souffre moins quand on se venge.

SCENE XVIII.

LES MÊMES, VILLON, *entrant et riant.*

LE BAILLI.
Comment ! c'est vous, monsieur ?
L'AUBERGISTE.
Que signifie votre conduite ?
VILLON, *riant toujours.*
Vous ne la devinez pas ?
LE BAILLI.
Compromettre ma dignité !
L'AUBERGISTE.
Me faire passer pour un dépositaire infidèle !
VILLON.
Ecoutez-moi, maître Gonin, c'est à vous que je vais répondre.

Air : *Une fille est un oiseau.*

Joyeux et de bonne humeur,
Inspiré par la folie,
De plus d'une espièglerie
Les succès m'ont fait honneur.
Mais sans trop m'en faire accroire
Je suis honteux de ma gloire,
Une facile victoire
A pour moi peu de valeur.
Le noble le magnanime,
Le beau, le grand, le sublime,
C'est de tromper un trompeur.

L'AUBERGISTE.
Je suis pris.

SCENE XIX ET DERNIERE.
Les mêmes, MANON, les aveugles.
MANON, *à l'aubergiste*.
Monsieur ? monsieur ? Voilà vos aveugles que j'ai rattrapés, et que je vous ramène.
PHILIPPE.
Mais, mon dieu! qu'est-ce donc que l'on nous veut encore.
VILLON.
Ne craignez rien, mes amis. Ecoutez-moi, mon cher hôte: vous m'avez fait passer la nuit à la belle étoile ; vous vous êtes moqué de moi ; vous m'avez défié de vous attraper ; je vous ai pris au mot ; j'ai réussi ; vous avez gagné la partie, j'ai gagné la revanche ; ainsi, pas de rancune. Voilà votre argent.
L'AUBERGISTE.
Non, monsieur, non ; nous ne devons avoir gagné ni l'un ni l'autre. Donnez la pistole aux aveugles ; moi, je leur fais cadeau de la dépense ; c'est généreux, j'espère.
MAURICE.
Vivat ! on ne peut pas mieux finir une affaire.
PHILIPPE.
Tiens, un bon repas et une pistole, c'est charmant.
MAURICE.
Nous disions bien, que la journée serait heureuse.
L'AUBERGISTE.
Je suis vaincu, monsieur Villon ; mais vous pouvez vous flatter d'être le seul homme, en France, qui ait obtenu, sur moi, un pareil avantage.
VILLON.
C'est ce que je ne crois pas.

VAUDEVILLE.
Air : *de la walse sautée.*
L'AUBERGISTE.
Je puis à coup sûr,
M'aveugler sur
L'espièglerie ;
Mais je suis heureux,
Laissez le bandeau sur mes yeux.

PARTIE ET REVANCHE.

TOUS.
Il peut à coup sûr, etc.
MAURICE.
Chacun d'entre nous,
Suivant ses goûts,
A sa manie;
Gloire, argent, plaisirs,
De nos loisirs,
Font les désirs.
L'AUBERGISTE.
M'amuser,
Ruser,
Voilà le bonheur de ma vie;
Sans jouer un tour,
Je ne puis passer un seul jour.
TOUS.
Il peut à coup sûr, etc.
LE BAILLI.
Un époux
Jaloux.
Qui possède femme jolie,
Aux amans secrets
Interdit chez lui tous accès.
PHILLIPPE.
Mais l'amant plus fin,
Comme cousin,
Vient et se lie;
De la parentée.
Le bon époux est enchanté.
ensemble.
Il peut à coup sûr, etc.
VILLON.
Vingt fois à l'erreur
On est exposé dans la vie.
Rien n'est plus trompeur
Que l'amour propre d'un auteur.
D'un trait
Qui lui plait,
Qu'il ait ébauché la copie,
Il croit avoir fait,
Un tableau tout-à-fait
Parfait.
Le nôtre à coup sûr,
S'est trompé sur
L'espièglerie;
Soyez généreux,
Laissez le bandeau sur ses yeux.
(ensemble.)
Le nôtre, etc.

FIN.

www.ingramcontent.com/pod-product-compliance
Lightning Source LLC
Chambersburg PA
CBHW060513050426
42451CB00009B/962